Un día más con Adolfo

ola
PUBLISHING
INTERNACIONAL

ISBN: 978-1-61244-923-4

**PUBLISHING
INTERNACIONAL**

Hola Publishing Internacional
Emerson 148, #602 Polanco,
Ciudad de México, México 11560
México: 55-5250-8519
www.holapublishing.com

Impreso y encuadernado en los Estados Unidos de América

"Desde que te conozco a nadie te pareces."

Pablo Neruda

Escuchando la hermosa letra de "Con los hilos de la luna", mi padre fue justo ese inmigrante que llegó en un barco cargado de ilusiones. En ese pañuelo que él usaba a diario, tenía dibujada esa luna con la que cada uno de sus días dibujó una sonrisa en todos quienes tuvimos la fortuna de disfrutarlo.

Para nosotros, sus hijos, así como para sus nietos, el abuelo fue, sin duda, no sólo la primera escuela, sino también la segunda, y continúa siendo esa parte de nuestra vida. Escucharlo compartir cada una de sus vivencias de niño y adolescente en su pueblo natal fue parte de las mejores enseñanzas para nosotros. Tan sólo imaginar esa travesía con una bolsa de hogazas de pan y chorizo que, al zarpar el barco, no se tenía idea de cuántos días podía satisfacer la mínima necesidad de hambre. Era más grande el afán de libertad y de forjar un futuro que las aventuras mismas de la travesía. ¡Qué trabajo nos costaba entender por qué te molestaba que dejáramos algo de comida en el plato! ¡Qué difícil entender que siempre te era más grato dar, por poco que hubiera, que disfrutarlo o recibir! ¡Qué fácil nos hiciste entender el don de la generosidad!

Como esposo, fue siempre un caballero, ese hombre que toda mujer anhela como compañero. Acompañó siempre a mi madre —una gran mujer que dejó a sus hijas el gran legado de ser unas damas— en las buenas y en las no tan buenas. Además, fue todo un ejemplo de fortaleza al levantarse de todas las necesidades que la vida le puso enfrente. Nunca fue capaz de expresar debilidad o necesidad, todo resolvía; era un conciliador nato.

Cocinar a su lado era un privilegio, era vivir; para él, compartir una copa de vino, un buen puro o un plato de comida era la mejor forma de expresar el amor que tenía hacia todos nosotros. No había forma de negarse a aceptar una copa más ante su frase: *"**la casa pierde**"*.

No sé si en lo personal he logrado ser lo que él anhelaba, pero sé que cada paso dado y decisión tomada fue siempre buscando que se sintiera orgulloso.

Hace ya casi siete años que se nos adelantó, y yo tuve el firme propósito de reunir poco a poco algunas de las recetas que me dejó apuntadas. He querido integrarlas en un pequeño libro para compartirlo con las personas que él más amó y con quienes disfrutó de la vida. Preparó su despedida y se fue como los grandes, compartiendo con sus amigos el pan y el vino en la mesa. La ausencia de su presencia diaria ha sido difícil. No sólo abandoné mi práctica matutina de tomar el primer café del día, sino, además, pospuse esta tarea. Al final, son pocas las recetas que escogí, pero las más queridas y, sobre todo, aquellas con las que siempre nos deleitaba y las que hasta hoy muchos extrañamos. Él esperaba ansioso a los nietos para prepararle a cada uno lo que le gustaba, al hermano y al amigo. Hoy, estoy segura de que ese gusto por la cocina y su forma de halagar dejó huella en nuestros corazones.

Las recetas son un legado, pero lo más grande fue lo que nos enseñó y nos dio de su persona a cada uno de nosotros. Adolfo olvidó escribir el *Manual del mejor amigo*. Eso me hizo pensar en que debía compartir no sólo sus recetas sino ir más allá: compartir todos con él y, entre nosotros, recordar todo aquello que nos ha permitido ser mejores personas y mejores amigos. Este pequeño libro integra algunas recetas que podremos preparar recordándolo, tal y como él las hubiera dictado, de ahí que las medidas son tal y como él nos las enseñó.

Aquí también está el sentir de quienes lo amamos en vida y de quienes sabemos que nos acompaña. Este libro es su corazón presente, siempre con nosotros. Cada una de las personas que aparecen en este libro fueron sus grandes amores, sus grandes amigos y con quienes disfrutó los más grandes placeres. Han sido momentos maravillosos, leer y volver a leer todo lo que haríamos si tuviéramos un día más con él. Lo mejor ha sido darme cuenta de que hay cosas que nunca supe de mi papá y sigo aprendiendo, aunque hoy ya no está; qué inmenso regalo para todos nosotros haberlas descubierto. ¡Qué secretos tan maravillosos escondió!

¿Qué haríamos si tuviéramos un día más con él?; ¿qué le diríamos?; ¿qué compartiríamos? Las respuestas que con todo amor aquí compilamos nos confirman el gran legado que nos dejó y siempre estará presente. No importa si fue una palabra, una línea o una página, de lo que estoy segura es que todos los participantes en este relato fuimos muy afortunados por haber sido tan queridos por Adolfo.

Como diría mi amigo del alma, aquél que todos tenemos y se caracteriza por ser incondicional a pesar de la distancia y del paso de los años: "Lo que escribí no es de mi autoría, sino de mi corazón. Él me dictó todo", y tengo total certeza de que a todos nos pasó lo mismo.

Papá

Emilio

Man

Agradecimientos

Este pequeño gran legado que hoy tenemos en nuestras manos es obra de todos. No obstante, quiero agradecer a quienes no sólo me inspiraron a realizarlo, sino que me motivaron y apoyaron para lograrlo.

A mi madre, fiel compañera de batallas y ejemplo de una gran mujer —esposa y amiga—, quien de no habérsele adelantado a mi padre, hubiera estado detrás de mí para compartir este legado. Mi amor eterno y admiración infinita.

A Emilio, nuestro hermano, cómplice de aventuras y gran amigo. Sin duda, en ese vivir intenso y efímero, fue una réplica de la bonhomía de mi padre. Emilio nos dejó un legado del sentido de la amistad, muestra de ello es que muchos de quienes escribieron palabras en este libro fueron sus amigos antes de conocer a mi padre.

A todos quienes me ayudaron compartiendo sus palabras para *"Un día más con Adolfo"* y siguen presentes en nuestro día a día…, en mi corazón.

A quienes me ayudaron a reconstruir las recetas más sencillas, pero con las que nos deleitó muchas veces…, a ustedes, mi infinita gratitud.

A quienes hicieron posible documentar la **presencia de su ausencia** con tanto amor, quiero compartir con ustedes —a través de palabras, fotografías, recetas y dibujos— el gran legado que dejó mi Padre.

TORTILLA DE PATA

ACEI
DE
OLIV

CEBOLLA

PATATAS

HUEVOS

¿Y quién no probó la **Tortilla de papa** que cocinaba el abuelo y hoy Juanito prepara para todos?

Ingredientes

- 10 papas medianas
- 7 huevos
- 5 cebollas
- 1 litro de aceite
- 1 cucharadita de caldo de pollo

Preparación

1. Pela las papas y colócalas en un recipiente con agua mientras cortas la cebolla.
2. Corta la cebolla en juliana.
3. Comienza a desflemar en agua.
4. Saca cada una de las papas y córtalas en rodajas de 5 cm.
5. Cambia el agua a los dos recipientes y espera 10 minutos más.
6. Pon a calentar el aceite en un sartén hondo de 7 u 8 cm.
7. Para empezar a freír las papas en rodajas, escurre y colócalas en un recipiente.
8. En el mismo aceite, pon a freír la cebolla hasta que esté transparente.
9. Escurre la cebolla y coloca en el mismo recipiente que la papa.
10. Bate los 7 huevos enteros y agrega la cucharadita de Knorr Suiza.

11. Agrega el huevo al recipiente donde está la papa y la cebolla. Revuelve con cuidado para no deshacer la papa.
12. Escurre el aceite y deja sólo lo necesario para que esté embarrado en toda la superficie.
13. Coloca el sartén a fuego lento y procede a verter la mezcla.
14. Después de 15 minutos, da la vuelta y espera el cocimiento al gusto.

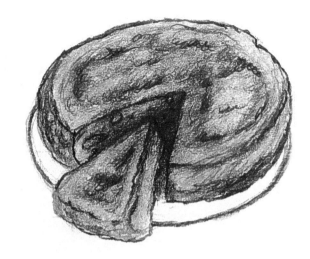

Angélica

Si tuviera un día más contigo..., te abrazaría y no te soltaría. Me sentaría a tu lado en la mesa de la terraza, como cada fin de semana. Te diría que me ha sido muy difícil estar sin ti. Te pediría que me recordaras cómo se puede ser fuerte ante los problemas o situaciones inesperadas; cómo no rendirme ante la traición y la envidia; cómo aferrarme a seguir adelante. Te pediría que me platicaras de dónde sacó fuerzas mi madre para siempre afrontar las grandes pruebas que le puso la vida, y, además, estar entera; siempre a tu lado, sin rendirse.

Pediría que me contaras una y otra vez esas historias de tu niñez, tu travesía a México, pero, sobre todo, que me dejaras disfrutar cada una de tus anécdotas. Me encantaría recordar todas esas vivencias que en tu día a día te convirtieron en el amigo más querido y en un gran hombre. Me sentaría de nuevo a leer ese poema de tu querido y gran amigo Manuel Benítez Carrasco, esos versos que desde niña me leías: *Mi barquito de papel*, y que hoy en mi vida es una realidad. Esa ilusión es una fragata de viento y luna, de jabón y papel, en la que va el corazón.

Seguro estás orgullos de que ya publiqué ese primer libro con poemas secretos, aquellos que siempre me empujaste a escribir, pero vivían eternamente en proceso Te mostraría cómo va mi segunda obra y, seguramente, te pegarías con la mano en la frente, moverías tu cabeza mientras me repites: "no entiendes".

He cuidado de todos aquellos que te preocupaban —una encomienda nada sencilla me dejaste—. He procurado a quienes me lo han permitido, porque como lo comentamos tú y yo los últimos días, muchos de quienes siempre estuvieron, se perderían ante tu ausencia. Tenía que prepararme para ello.

Navego, siempre pensando que voy en la proa, la ilusión del capitán. He puesto todo de mí para dar continuidad a esa formación que con tanto amor le diste a José Emilio. Repasaría una y otra vez muchas de las recetas con las que nos consentías. Estaría pegada junto a ti en la estufa para no perder detalle; se me fue alguno al dejarme consentir por ti. Cómo recuerdo cuando al sacar mi ropa, en ocasiones te decía: "no sé qué ponerme", y tú me contestabas: "ponte feliz". Esa oportunidad es sólo tuya. Compartiría contigo que he vuelto a tomar ese café cargado de amor, aquel que dejé el día que te marchaste. También, te contaría que paso tardes maravillosas disfrutando de un buen vino, hablando de ti con mis amigas.

Por fin te hice caso, me he olvidado un poco de todos y me he dedicado un poco más a mí; muchas veces me dijiste que no estuviera sola. Me he dado la oportunidad de tener amigas; segura estoy de que algo tuviste que ver en ello. Mis *soul sisters* tienen algo de ti; disfrutan de un buen tinto, un expreso y un habano. Dan siempre lo mejor de sí. Segura estoy de que, desde donde estés, hoy las quieres tanto como yo.

¡Cuán vitales fueron cada uno de tus consejos durante mi trayectoria profesional!; lo que logré, sin duda, fue en gran medida porque siempre tuve en ti el mejor soporte. Hoy sigues siendo la ruta que nos conduce. He requerido tomar decisiones difíciles, pero siempre confirmando lo que me dijiste alguna vez. Cuando no tienes nada que dar, pocos estarán a tu lado, y así es. Si tuviera un día más contigo, te pediría viajar a un mundo distinto, segura de que de cada momento lo convertirías en el mejor de todos, tal como lo hiciste en cada uno de los viajes. Eso sí, con una condición, haríamos escala en Feás para que vieras cómo remodelaron la iglesia del pueblo, y poder deleitarme con cada una de tus anécdotas, pero, sobre todo, quisiera buscar contigo el libro de herbolaria del abuelo Emilio, del que, hasta hoy, nadie me ha querido dar razón.

Alejandra

Quisiera tener tan sólo un día más para poder platicar de tantas cosas pendientes. Tu partida me dejó llena de paz y, aunque muchos años nuestra relación fue muy distante, en los últimos momentos nos convertimos en amigos, cómplices y confidentes. Te fuiste sabiendo lo grande que eras para mí. Me quedo con tu paz y tranquilidad de saberme bien, contenta y feliz.

Definitivamente, eres el hombre más grande que pudo existir sobre la faz de esta tierra, siempre al pie del cañón, levantándote de cada caída sin importar cuán dura haya sido. Siempre nos dabas tu apoyo y la certeza de que las cosas continuarían sin problema alguno. Nos enseñaste que todo lo podías resolver.

Esa imagen en mi cabeza de cómo debe ser un hombre en toda la extensión de la palabra, eres tú. No decías mucho, pero cuando nos compartías unas palabras, ¡ay, nanita!, llegaban directo. ¡Qué te digo!, el mejor esposo, padre, amigo, pero, indudablemente, el mejor ABUELO que mis hijos pudieron tener. Lástima que te hayas ido tan pronto y no podrán seguir disfrutando de tus experiencias, pero siempre intento e intentaré recordarles lo maravilloso que eras, ese ejemplo de lo que un hombre debe ser. Espero lograr transmitirles todo sobre tu forma de ser, tal cual eras, en grande, como sólo tú sabías.

Entiendo tu partida. Desde la pérdida de Emilio, tu tristeza era muy grande, pero la pérdida de tu compañera vino a quitarte todas las ganas de seguir adelante. Tenías que lidiar con tus tres hijas, quienes te amamos profundamente. Sin embargo, sabemos que tú querías estar ya en otro plano.

Fue increíble haberte disfrutado esos últimos años como lo hice. No hay nada mejor que esos recuerdos de complicidad entre tú y yo; y, sabes, doy gracias por haber tenido la oportunidad de estar contigo en todo momento de ese final, siempre a tu lado, cumpliendo tu voluntad.

Hoy, seguramente estás feliz de encontrarte con quienes extrañabas tanto, más al ver cómo van creciendo cada uno de tus nietos, pero, seguramente, también te alegras de ver que las tres locas de tus hijas, por fin, podemos estar en paz. Llevamos una relación como tú siempre quisiste. Un día te lo prometí y, ahí voy, lo estoy logrando. Te aseguro que así será.

Por último, sólo quiero pedirte que sigas poniendo —como hasta ahora— las herramientas en mis manos para seguir guiando a mis hijos, y a mí misma; para poder resolver cualquier obstáculo que se cruce en el camino, pero, sobre todo, quisiera que continuaras en nuestras vidas como el Ángel Guardián de la familia Sieiro Noriega, que tanto te ama. Te extraño por siempre.

Mamá y Papá

Verónica

Papá, las ocasiones que conviví contigo, no supe con claridad quién era aquella persona que me dio esas bases tan bellas para enseñar y educar a mis hijos. Debo comentarte, donde quiera que estés, que con mi mamá hicieron una pareja impecable, sana y culta. Nos enseñaron a tener paciencia y cariño para tratar a todas las personas por igual. Tú y mi mamá hicieron un gran equipo y, ahora, aquí tienes a mi familia. Estoy satisfecha y seguiré en la lucha porque mis hijos —los chavos que tanto adoro— hagan sus vidas plenas y sean ejemplos positivos para la sociedad. Siempre te recuerdo, no puedo dejar de mencionar a mi mamá porque siempre te veo con ella, gracias por darme ese ejemplo.

Estarás siempre en mi corazón.

Si tuviera el privilegio de tenerte por un día más, sería mi última oportunidad para devolver los cuidados y el amor que me diste por décadas. Sentarme a tu lado sería mi última enseñanza y disfrutaría con una taza de café, una buena comida o un buen vino (tal como te gustaba), escuchar tus vivencias y consejos; eran momentos invaluables de aprendizaje y cariño.

Ahora, reflexiono con profunda nostalgia. Me faltó tiempo para conocer más de la gran persona que eras.

María Fernanda

Si tuviera un día más contigo, lo aprovecharía al máximo, como jamás aproveché ninguno de los otros momentos. Todo, porque jamás se me ocurrió que alguno de esos días sería el último. Pasaría una parte del tiempo jugando dominó, uno de tus gustos que, sin duda heredé. Quizás, podría con suerte aprenderte algo más. Me encantaría contarte más de mí, cómo van el trabajo y la universidad, para verte sonreír del orgullo.

Pasaría la mayor parte del tiempo conociéndote más a fondo, para algún día contarle todo eso a mis hijos. Te preguntaría por tu viaje favorito y tu comida preferida —aunque pienso que contestarías que todas—. También, me encantaría saber, ¿dónde aprendiste a jugar dominó tan bien?, ¿quién te enseñó?, ¿dónde conociste a mi abuela? No todas las preguntas serían tan fáciles. Me gustaría que me contaras si ves algo de mi papá en mí. ¿Cuál sería la lección que más te gustaría que aprendiera?

Platicaría horas contigo, esperando que el día no terminara nunca, disfrutando de un buen vino y una buena comida, en la que no faltaría un postre y un puro. Si algo me enseñó mi abuelo es a disfrutar todo a mi alrededor, a dar todo de mí por los demás. No hay nada tan importante como para privarte de pasar unas horas con tu familia o con tus amigos, esa fue una de las grandes lecciones. Él también me enseñó que la vida es sencilla, si quieres, no hay necesidad de complicarla. Si tienes la suerte de poder compartir una mesa con tus hijos y nietos, debes sentirte afortunado. No necesitas más.

Te extraño.

Iñaki

Si pudiera pasar un día más contigo, te invitaría a cocinar juntos como lo hacíamos cuando era pequeño. Te pediría que compartieras conmigo las anécdotas que viviste con mi papá. Terminando la comida, me gustaría jugar dominó contigo o contra ti. Y, así, terminar el día jugando con todos unas partidas de continental.

Mi abuelo fue una persona que aprendió mucho de la escuela de la vida. Y, aunque nunca me pude acercar a él para que me compartiera su conocimiento, estoy seguro de que, si pudiera volver a vivir un día con él, me acercaría a pedirle consejos sobre el camino a tomar y decisiones relacionadas con mi vida laboral. Estoy seguro de que su punto de vista y sabiduría me ayudarían a ver las cosas con un panorama distinto.

COSTILLAS DE CERDO BARBECUE

COSTILLAS DE CERDO

AZÚCAR MORENA

CATS

CEBOLLA

MANTEQUILL

LIMO

VINAGRE   AJO   SALSA INGLESA   PIMIENTA

Costillitas de cerdo para Andrea

Ingredientes

- 2 kg de costilla de cerdo cargada
- 250 ml de salsa cátsup
- 3 botellas de 400 ml cada una de salsa barbecue
- Aceite suficiente
- ½ litro de agua
- Sal y pimienta al gusto

Preparación

1. Calienta en la estufa una cazuela de barro grande.
2. Vierte suficiente aceite hasta que cubra el fondo de la cazuela y deja calentar bien, sin que ahume.
3. Coloca las costillas previamente salpimentadas en el aceite caliente. Espera a que doren de modo uniforme por todos lados para sellar la carne.
4. Una vez doradas todas las costillitas, agrega la salsa cátsup y la salsa barbecue.
5. Añade medio litro de agua. Revuelve de modo que todo se integre y distribuya uniformemente formando una salsa.
6. Cocina durante 40 minutos, moviendo la carne con frecuencia para evitar que se pegue o se queme.
7. Pasados los 40 minutos, deja que se seque un poco y estará listo para servir.

Andrea

Abuelo:

Hace unos años, la luz de tus ojos se apagó para no encenderse nunca más. Te fuiste y la vida de muchos —incluida la mía— se tambaleó por un instante; digo por un instante porque, después del duelo y de muchas noches pensando, me di cuenta de que no tenía que ser así. Aunque ya no estás presente, tu esencia sigue y seguirá siempre en esta tierra.

Tu partida fue muy triste. Me dejaste muchas lecciones y aprendizajes, así como experiencias y aventuras. No te tengo físicamente, pero tengo una gran familia, y en cada uno de sus miembros hay algo tuyo, ya sea una cualidad, una manía o algún parecido. Al irte, en un inicio hubo enojos y pleitos, pero tus recuerdos nos unieron más que nunca. Por todo esto y más, tengo que darte las gracias, algo que creo realmente nunca pude hacer.

Por último, sé que, aunque ya no puedas estar aquí conmigo, no estamos separados, pues tu recuerdo siempre vivirá en mí.

Siempre estás y estarás en mis pensamientos hasta que nos volvamos a encontrar.

Te quiero.

José Emilio

Don Adolfo, como solía llamarlo la gente; abuelo, como yo lo llamaba. Si tuviera la oportunidad de estar contigo un día más, no sabría ni por dónde empezar. Te fuiste hace poco más de cinco años y no hay día que no te recuerde. Tantas cosas han pasado desde entonces, que no sabría cuál contarte primero. Probablemente, empezaría contándote que logré graduarme y ya me encuentro en la universidad.

Sin embargo, ese es el acontecimiento más insignificante que ha sucedido desde tu partida. Recuerdo la emoción con la que veíamos jugar al Real Madrid, no nos perdíamos ni un sólo juego. Disfrutábamos cada victoria como si fuera la primera y la última. Meses después de tu partida, el Real Madrid logró finalmente ganar la décima que tanto ansiábamos, me queda claro que tú fuiste quien la mandó.

Después, te contaría que mi Necaxa, por fin ascendió después de cinco años. Sé que serías el más feliz después de ver cómo he sufrido tantos años por ese equipo. De igual manera, te contaría que, aunque hayan pasado algunos años, el Max sigue igual de bien, a veces entra a tu cuarto para buscarte.

Mi mamá y yo nos encontramos bien. Tus buenos consejos de no engancharme y decirle sí a todo me han ayudado a llevar la fiesta en paz, como tú siempre me decías. Por último, te contaría que hace dos años llegó una persona muy especial a mi vida, una niña maravillosa que ha venido a sacar lo mejor de mí. Te alegraría mucho ver el amor que existe entre ella y yo. En el fondo sé que no tendría por qué contarte todo esto, pues donde quiera que te encuentres has presenciado todo, y todo me lo has mandado tú. Te lo agradezco de todo corazón.

Ahora bien, si tuviera la oportunidad de estar contigo un día más, no sabría con certeza qué momento repetir. Fueron tantos buenos momentos, que elegir unos cuantos para completar un día sería difícil. Por ejemplo, la vez que corrimos por todo el aeropuerto de Holanda para escondernos de mi mamá; las comidas en casa con olor a puro; nuestros viajes a España; tu presencia en mis entrenamientos; ver los partidos por televisión; las películas en tu cama; las pláticas sobre la vida a altas horas de la noche; tus sabios consejos; tu compañía…, me gustaría tener absolutamente todo, pero no pediría un día más contigo.

Tuve la suerte de pasar 15 años de mi vida contigo e hice absolutamente todo. Un día más contigo sería una nueva despedida que no podría superar.

Santiago

Abuelo:

Un día más contigo se dice fácil, pero pensar en qué haría con esas horas no lo es tanto. Trataré de buscar una forma no tan egoísta de describir aquel momento pensado. No se trata sólo de algo que yo quiera, sino de un momento agradable para los dos. Mi respuesta final a esta pregunta es la siguiente.

Sin pensarlo dos veces, elegiría pasar el tiempo en Cuernavaca porque sé lo mucho que disfrutabas los días por allá, pero no sólo conmigo, sino con toda la familia, sé que a ti te encantaría. Saldríamos a caminar juntos, como acostumbrábamos. Haciendo memoria, creo que nunca fui (estoy tremendamente arrepentido de haberme perdido esos momentos). A media mañana, hora a la que usualmente regresabas, te ayudaría a planear la comida del día y, por supuesto, me encantaría cocinar contigo.

Ya hacia la tarde noche, después de una gran comida y plática con todos, te preguntaría si me enseñas a jugar dominó. Estoy seguro de que no te aprendería nada en un ratito, pero sin duda pasaríamos un muy buen rato conversando sobre temas de los que nunca pudimos hablar y debatiendo sobre preguntas sin respuesta —las que nunca te pude hacer o viceversa—. Finalmente, me encantaría jugar por última vez una partida de continental con toda la familia. Aunque casi siempre había pleito por alguna carta robada, teníamos pláticas agradables y contábamos cientos de chistes hasta las dos o tres de la mañana.

Ternera con papas para Andrés

Ingredientes

- 2 kg de carne de ternera en trozos
- 2 kg de papa de cambray
- 4 manojos de cebollitas de cambray
- ½ cebolla grande
- 2 dientes de ajo
- 2 pizcas azafrán
- 6 cucharadas soperas de aceite de olivo extra virgen
- Aceite suficiente para freír la carne
- 2 tazas de agua
- Sal y pimienta

Preparación

1. Muele en la licuadora la cebolla grande con 6 cucharadas de aceite de olivo, 2 dientes de ajo y el azafrán.

2. Unta bien toda la carne con esta mezcla y deja reposar por al menos 15 minutos.

3. Pon a calentar en la estufa una cazuela de barro grande.

4. Coloca la carne previamente salpimentada en el aceite caliente. Dora uniformemente por todos lados para sellarla.

5. En seguida, agrega 2 vasos de agua y mezcla. Deja hervir a fuego lento durante 30 minutos.

6. Agrega las papas y pasa la cacerola al horno, precalienta a 200 °C.

7. Después de 10 minutos, añade las cebollitas de cambray y continúa horneando.

Cocina por otros 15 minutos, o hasta que las papas estén bien cocidas.

Andrés

Abuelo, eres una persona única y especial para mí. Eres de los pocos seres humanos que han llegado a marcar mi vida. No sólo me dejaste muchas lecciones, también has aportado grandes enseñanzas al mundo. Es raro poder ver a una persona tan especial como tú. Tristemente, no pude llegar a conocerte por completo. Mucho de lo que sé de ti son anécdotas contadas por mi mamá y mis tías. Cada vez que escucho o recuerdo una vivencia tuya, me doy cuenta de que hay mucho más por aprender, más allá de lo superficial.

No eras la persona que veía sólo por los suyos. Me duele y me entristece porque no logré conocerte bien. Compartí 11 años de mi vida contigo, tiempo en que alegrabas mi vida día a día. Fuiste, eres y seguirás siendo un pilar muy importante en mi vida, en la de mi familia y de muchas personas que no llegué a conocer.

Eres de esas personas que no se olvidan. Siempre estarás en nuestros corazones. Cada día que pasa es un día que me arrepiento por no haber pasado suficiente tiempo contigo. Eres la persona en la que no dejo de pensar. No hay nada en este mundo que pueda cambiar quién eres.

No hay forma humana ni alguna otra manera de expresar verdaderamente quién eres o lo que siento por ti. No hay poeta capaz de escribir todo en un poema, ni el mejor autor del mundo podría escribir todo sobre ti y sobre nosotros en una novela entera. No hay pintura que pueda deslumbrar lo que me has enseñado. Daría lo que fuera por volver a verte, abrazarte y decirte cuánto te amo. Llevo seis años extrañándote, y seguiré así hasta que te vuelva a ver.

Te amo, abuelo.

FILLOAS

LECHE

HUEVO

SAL

HARINA DE
TRIGO

MANTEQUILLA

Filloas para Regina

Ingredientes

- 1 taza de leche
- 1 taza de harina
- 5 huevos
- Azúcar al gusto
- Una pizca de sal
- Aceite

Preparación

1. Licúa la leche, la harina, los huevos y una pizca de sal.
2. Procura colar para que no queden grumos.
3. Pon a calentar un sartén a fuego lento y úntale aceite.
4. Con un cucharón, pon la mezcla a modo de que quede delgadita. Cuando ya esté cocida de un lado, voltéala y déjala cocinarse.
5. Retira del sartén y coloca en un plato, espolvorea azúcar y está lista para disfrutarse.

Regina

Gracias por todas las enseñanzas que nos dejaste. Fuiste un hombre de admirar, siempre con una sonrisa para todos a pesar del sufrimiento. Fuiste el mejor abuelo, papá y amigo que alguien pudiera tener en su vida.

Cómo olvidar que siempre nos intentabas defender a Coi y a mí por las travesuras que le hacíamos a mi abuela. Nos cuidabas para que no nos regañaran y nos consentías cuando mi mamá nos llamaba la atención. Me acuerdo de las deliciosas comidas que siempre nos preparabas. Hoy somos una familia unida gracias a ti.

Te extrañamos.

Mateo

Si tuviera un día más contigo, pediría estar cerca de ti y probar tus deliciosos platillos. Desearía que me compartieras cualquiera de tus creaciones. A ti te gustaba cocinar para mucha gente y muy variado. Hacías de comer dándonos gusto a todos mis primos, mis tías y tíos. Quiero recordar cuando era pequeño y me regalabas lo que te pedía en la tienda de refrescos y dulces del Club España. Realmente me hacías sentir muy importante en tu casa. Buscabas la manera de que siempre estuviéramos contentos. Tenías tiempo y gusto por platicar con mis primos y conmigo.

Yo era muy pequeño aun cuando partiste. Contigo a mi lado, podría preguntarte muchas cosas de las que no pude conversar como podría hacerlo ahora. De ti, me llevo el mejor recuerdo. Siempre buscaste mantener la familia unida. Mis papás siguen tu ejemplo. Con frecuencia, me dicen lo que tú harías de acuerdo con lo que ellos creen, y eso me agrada mucho. Mi mamá nos hace recordar algunas cosas de lo que vivió contigo. Eso me ayuda a ver mis experiencias de vida de manera distinta.

A ti, agradezco que, en cierta forma, me gusta el fútbol, pero, principalmente, la comida y la cocina. Siento que, al haber convivido contigo, aunque fuera por un tiempo muy corto de mi vida, tengo un poco de ti en mi corazón y en mi forma de ser. Siempre te agradeceré mucho lo que has hecho por mí.

Mauricio

Abuelo, gracias por todo lo que nos dejaste, por una familia tan unida como somos nosotros actualmente. Gracias por las risas, las lecciones y el viaje a Europa, fue muy divertido verte usar esa peluca verde. Recuerdo todas las navidades y los festejos de año nuevo en que estuvimos juntos. Aunque fui quien menos pudo estar contigo, por ser el más chico de los primos, siento que aprendí mucho de ti.

Te extraño.

Gabriel

En un día más con el amigo don Adolfo, disfrutaría de una agradable plática donde pudiera preguntarle muchas cosas de su vida, que me compartiera sus gratas experiencias, sus conocimientos y su cariño. Tendríamos una de esas charlas con un puro encendido. La atmósfera la puedo imaginar donde solíamos fumar un puro y tomar una buena copa de vino.

Me gustaría preguntarle todo sobre su infancia y cómo superó las desavenencias de su niñez. Quizá, lo más importante sería traer el recuerdo de cómo fueron aquellos tiempos en los que hubo penurias y dificultades para mantener un hogar en los años de la tercera década del siglo pasado. Haber vivido épocas de la gran guerra en Europa, y saber qué se hace para poner entereza cuando las circunstancias son adversas son dos grandes lecciones que nos compartió.

También, me gustaría platicar nuevamente con quien compartía su cariño, en general, con cualquier persona. Era revitalizante acompañar su plática para saber cuáles fueron esas experiencias que traían los más gratos recuerdos a su memoria, no tenía comparación. Después de todo, no tuve la oportunidad de escuchar todas sus anécdotas. Creo que haber escuchado de él muchos pasajes de su historia cuando era empresario en México, y haber trabajado como prestador de servicios para el sector público, fueron parte esencial de mi desarrollo profesional. No cabe duda de que haberlo escuchado hablar sobre cómo se encara la vida con entusiasmo y cómo se negocian asuntos de gran relevancia fue una gran experiencia para quien lo escuchó.

Me encantaría conocer las circunstancias que don Adolfo debió superar y entender. ¿Qué aprendió de todos esos momentos y circunstancias tan particulares? Es una cuestión que debimos aquilatar cuando lo tuvimos con nosotros. Lo recuerdo como una persona que imantaba mediante una buena charla; siempre agradecí sus consejos y esos ratos de conversación.

En distintas ocasiones, don Adolfo mencionó el gran atributo para cualquier ser humano respecto de lo que representan las relaciones entre personas. Esa cualidad de tener un trato amable, inteligente, desinteresado y cálido con las personas es un principio máximo que no todos tienen. Esa manera de ser que lo caracterizaba, siempre como un gran anfitrión, fue un diferenciador que le permitió alcanzar buenos tratos y negocios. Contar con el cariño de muchas personas era algo que le inyectaba vitalidad.

Don Adolfo fue unas personas a quienes les entristece mucho no estar con gente a su alrededor. Un día con él y una buena charla elevaban los ánimos de cualquiera. Esa conversación siempre fue un gran regalo. Él me permitía reflexionar sobre diversos temas relacionados con nuestros propósitos y objetivos como seres. ¿Cuál es el verdadero propósito de nuestra vida? Hablar sobre todos esos dilemas con don Adolfo eran una experiencia inigualable. En alguna ocasión, él me dijo que existen muchas cosas que después de todo no tienen importancia. No merecemos desgastarnos en la banalidad material y la frivolidad, mientras nos perdemos de los verdaderos momentos de disfrutar con uno mismo, ya sea una buena lectura o reflexión.

Sus dichos y consejos siempre dejaban una sana y simpática huella en nuestros corazones. Don Adolfo pronunciaba frases como: "no hay mayor fuente de riqueza que el trabajo" o "la suerte no llega sola, sino para quien busca las oportunidades". Creo que faltó tiempo para estar más cerca de don Adolfo. En fin, siempre estaremos agradecidos con él.

Walter

Si tuviera la oportunidad de pasar un día más contigo, primero daría las gracias porque nuestros caminos se juntaron en esta vida, dándome la oportunidad de conocerte y quererte. Te agradecería por todas tus enseñanzas. De ti aprendí a levantarme y seguir adelante frente a cada golpe de la vida. Me enseñaste a compartir con el que menos tiene, a disfrutar cada día como tú lo hacías, dándole el justo valor a cada cosa.

Recordaría a tu lado todas las experiencias que la vida nos permitió vivir como familia; unas alegres y otras no tanto, pero siempre con ese ejemplo de fortaleza y empuje.

Te preguntaría cuál es el secreto para poder amar y querer a tu familia como siempre lo hiciste. Tú eras ese líder al cual acudí en muchas ocasiones en busca de un consejo, comprensión y cariño.

Gracias por ser y estar.

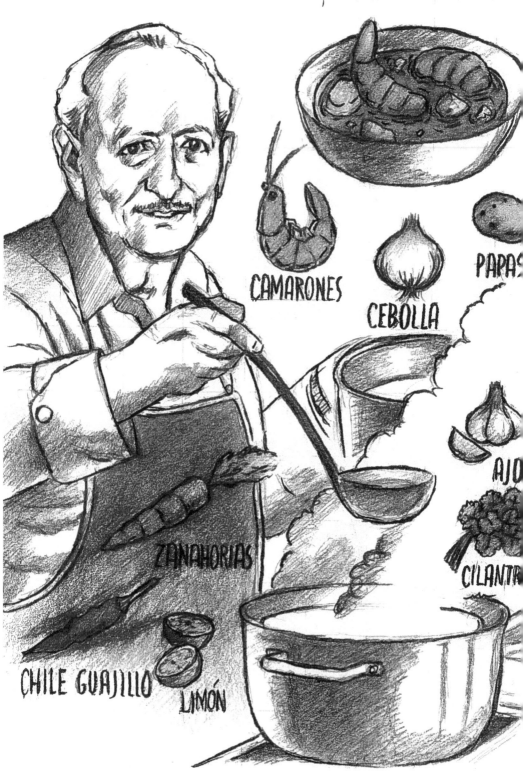

CALDO DE CAMARÓN

CAMARONES

CEBOLLA

PAPAS

AJO

CILANTRO

ZANAHORIAS

CHILE GUAJILLO

LIMÓN

Caldo de camarón para Walter

Ingredientes

- 1 cebolla
- 5 dientes de ajo
- Camarón seco (chico y grande)
- Clavo entero
- Hojas de laurel
- Chile guajillo
- Aceite de oliva
- 4 papas grandes
- 6 zanahorias

Preparación

1. Pela los camarones y separa la cáscara, cabeza y cola en bolsa aparte.
2. Muele la cebolla con los 5 dientes de ajo para hacer una pasta.
3. Muele la cáscara, cabeza y cola producto de pelar los camarones con un poco de agua para hacer otra pasta.
4. En una olla grande, vierte aceite de oliva, más o menos 2 dedos. Calienta y vacía la pasta (cebolla

– ajo). Se sazona. Posteriormente, vacía la otra pasta (cáscara molida, cabeza y cola).

5. Continúa sazonando. Agrega chile guajillo previamente partido en pedazos.

6. Vierte agua en la olla (hasta arriba). Deja que hierva y tapa. Posteriormente, vacía la zanahoria que tarda más tiempo en cocer; luego, el camarón y, finalmente, la papa. Añade el clavo y las hojas de laurel. Sigue hirviendo y ve cómo va la sazón, principalmente, si falta más picante. "Ojo con la cantidad de clavo".

Como consejo adicional, se puede añadir medio chile chipotle unos 5 minutos antes de apagar, para que hierva con todo el caldo y le dé un sabor particular. También se recomienda poner camarón fresco para un sabor especial y adicional.

Arturo

Querido amigo Adolfo:

Recuerdo tu festejo de cumpleaños como si hubiera sido ayer, fue en tu casa de Cuernavaca. Estabas feliz, rodeado de muchos amigos y de tu familia. Estábamos contigo, demostrándote nuestro cariño y admiración.

¿Quién iba a imaginar que sería la última vez que estaríamos juntos?

A los pocos días, te fuiste a encontrarte con tu querida Toñita y con tu amado hijo Emilio. Te nos adelantaste para gozar ahora de la Gloria de Dios.

Te extraño mucho, mi querido amigo.

No sabes cómo me gustaría verte y compartir un buen vino mientras preparas una de tus famosas paellas, que tuve el gusto de disfrutar en varias ocasiones.

Lo nuestro fue amistad a primera vista, de inmediato se dio la empatía y nació una bonita relación.

Me enriquecería con tu plática y escucharía muy atento tus consejos de cómo jugar al dominó, escribiría las recetas de tus platillos españoles que te salían magníficos, pero, principalmente, en ese día tan especial de volverte a tener, me reiría contigo como lo hice tantas veces.

Querido amigo, algún día nos volveremos a encontrar y a darnos un fraterno abrazo. Mientras eso sucede, sigo pensando en ti y recordando los momentos felices que pasé contigo y con tu familia.

Rezo por ti. Desde aquí te mando un fuerte abrazo con todo mi corazón.

Te quiero mucho, mi inolvidable y querido amigo.

COCIDO GALLEGO

ALUBIAS

PAPAS

GREL

CHORIZO

UNTO

LACÓN

SAL

El Cocido gallego de los amigos

Ingredientes

- (10 a 12 personas)
- ½ kilo de alubia o garbanzo. Limpiar y dejar remojando el día anterior
- ½ a 2 kilos de carne de puerco salada
- Orejas, lengua, chamorros: se chamusca para quitarle los pelos y se pone a remojo en agua tibia el día anterior, esta agua se tira. La lengua no se chamusca, se le quita una pielecita que tiene
- 2.5 a 3 kilos de carne de ternera pecho o espaldilla
- Un pedacito de unto o tocineta. Es opcional para dar sabor, pero también aumenta la grasa
- Patatas de buena calidad. Se recomienda 1 patata mediana por persona
- Berzas: un manojo por persona, se puede poner en agua tibia para que suelte el vende, esta agua se tira
- Un repollo grande
- Chorizos de carne y de cebolla (cinco y cinco)

Preparación

1. Necesitas una olla grande con agua a hervir hasta la mitad. Se pone a las 7:00 horas de la mañana para que esté listo a las 13:00 horas.

2. Coloca las habas y, cuando rompa a hervir, añade la carne de cerdo, después de una hora, se añade la ternera. La carne se va cocinando y, según esté cocida, se quita para una olla para que no se enfríe. Es importante hacerlo para que no se deshaga la carne.

3. A las dos horas y media, se pone la berza y, cuando le falte poco, se pone el repollo y las papas (20 minutos más o menos).

4. Cuando las papas estén casi listas, se ponen los chorizos y se dejan 5 minutos, se quitan para que no echen mucha grasa en el caldo.

5. Antes de echar las papas, prueba para ver la sazón y, si le falta sal, añade. También se puede agregar Knorr Suiza.

6. Sirve en un platón la carne troceada, en otro, papas con verdura y, en un tercer plato, el chorizo en pedazos.

7. El que quiera puede tomar 1 taza de caldo antes o después del cocido.

¡Buen provecho!

Emilio

Adolfo, ¡vámonos a Galicia!, ese viaje planeado contigo y con Ramón, iríamos recorriendo todos los pueblos.

Tu calor y bondad sembraban calidez y cariño, toda persona se convertía en un amigo para ti.

Todos los que te conocieron como eras, de la misma forma en que lo hizo Ramón, disfrutaban intensamente de tu presencia.

Los amigos que generaste fueron entrañables, siempre compartías con tus amigos.

Cuando iba a verte en fin de semana, era un deleite. Tenías una mano para cocinar que era natural. Nunca olvidaré esa tarde en la terraza en Cuernavaca, cuando pusiste tu mano para servir, creía que era mamá.

Los martes sin ti, nunca volvieron a ser iguales.

Milagros

Te escucharía contar tantas vivencias tan interesantes que siempre recordabas. Yo viví poco tiempo contigo, eras 16 años mayor que yo. Tú conocías todas las historias de la familia que yo ignoraba. Con tu estilo, siempre me gustaba estar contigo.

Fuiste una persona inigualable.

Aurora

Disfrutaba enormemente los momentos en que me platicabas sobre mi infancia, esos primeros años de vida a los que tu mirada juguetona les dio vida.

Quisiera que me dijeras qué sentías al verme dar mis primeros pasos en este mundo y me recordarás con palabras lo importante que yo era para ti.

Ramón

Nunca imaginé que te irías, tío, antes de yo terminar este libro para papá. ¡Cómo me hubiera gustado, con tu peculiar humor, escucharte reír y disfrutar lo aquí escrito!; mirarte criticar cada dibujo. Seguramente, si hubieras estado aquí, las palabras para Adolfo nos hubieran causado algunas lágrimas.

Fuiste ese hermano por quien mi padre se desvivió. Recuerdo que no sólo papá, sino también Toña —como solías llamar a mi madre— me contaban todo lo que contigo vivieron.

Recuerdo cómo disfruté esa comida con tío Emilio y contigo, donde pude entregarte ese sobre con el dinero que había guardado papá para hacer ese viaje tan anhelado a Feás, el cual ya no tuvo tiempo de realizar. ¡Qué bueno que tú y tío Emilio lo lograron!

Dejaste un espacio vacío en muchos de quienes me ayudaron a integrar este libro, pero también dejaste un legado de amistad y amor.

José Luis y Lorena

Tío Adolfo, el hombre amable, siempre pausado, de dulce mirada, como la abuela. Tú presencia siempre se convertía en una fiesta. Se extrañan tus tertulias, pero estarás presente eternamente, en un puro y en un tinto. Abrazo hasta el cielo.

Eliseo

Me encantaría tener una comida contigo y con el tío Ramón. Ustedes eran unos excelentes sibaritas. Tendríamos una agradable partida de dominó con todos los amigos, en ese jueves de tradición.

Berenice

Me iría a comer contigo. Pediría un buen vino y te diría lo mucho que te quiero, lo importante que has sido en mi vida. En un día más a tu lado, te agradecería por darme la oportunidad de conocerte y adoptarme como sobrina. Quiero decirte que ocupas un gran lugar en mi corazón.

José Luis

Te recuerdo como una gran persona, un gran anfitrión y un gran jefe de familia. En lo personal, recuerdo mucho las tardes que pasábamos tú, mi padre y yo en el "Casamundo". Aunque yo era un niño, la pasaba muy bien en esas ocasiones. Te recuerdo mucho a ti porque, al igual que el abuelo Emilio, tuviste un trato muy cariñoso conmigo. Se los agradezco y, aprovechando que ahora están los dos juntos, les mando un abrazo muy fuerte y mi reconocimiento.

Lola

En un día más contigo, platicaría de nuestras experiencias compartidas desde la niñez, cuando vivíamos en guerra. También, me encantaría recordar las bromas que hacías con Emilio, en especial, la anécdota de los botones de la ropa. Cómo olvidar que mamá nos regañaba por sacar los botones de las prendas, pues era un vicio tuyo jugar con ellos. También, te preguntaría sobre todo lo que batallaste con el tío Antonio cuando te quedaste en el hotel trabajando. De igual forma, me llena de curiosidad cómo fue que llegaste al expendio de pan que quisiste mucho.

Te extraño, ¡qué daría por platicar contigo!

LECHE FRITA

LECHE

AZÚCAR

Y AZÚCAR GLAS

LIMÓN

CANELA

ACEI
DE
OLIV

VAINILLA

HUEVO

HARINA Y
ALMIDÓN DE
MAÍZ

MANTEQUILLA

Leche frita para la abuela

Ingredientes

Por cada litro de leche:

- 114 gramos de harina blanca
- 90 gramos de azúcar blanca
- Pizca de sal

Para capear:

- Huevo
- Harina
- Azúcar

Preparación

1. Mezcla todos los ingredientes y colócalos en una cacerola a fuego bajo hasta que agarre una consistencia tipo "engrudo".

2. Vacía en un refractario y deja enfriar.

3. Corta en trozos, pasa por harina y huevo. Posteriormente, fríe en aceite.

4. Saca del aceite y espolvorea un poco de azúcar.

Angelina

Salir contigo y con Toña siempre era agradable. Eran muy lindos. Tú toda la vida fuiste muy empático, me preguntabas con mucho cariño cómo estaba.

Recuerdo una vez que vinieron a España. Tú y Manolo fueron a cenar a un restaurante de mariscos muy bueno llamado "El Mosquito". Tomaron un poco más de lo usual y, al salir, no encontraron el coche. Llegaron a casa sin él, pero al día siguiente salieron a buscarlo. "El Mosquito" era el mejor restaurante de mariscos de Vigo. Por cierto, todavía existe, conozco a la dueña, vamos al mismo bingo.

Conservo menos recuerdos de cuando era niña porque era más chica que tú. Me llega a la mente el tiempo en que pasaba mucho tiempo en casa de tus padres y me dabas fruta. En el 58, Manolo atropelló a un niño y lo metieron al tambo, yo estaba embarazada y tú fuiste a sacarlo para llegar a desayunar al día siguiente.

Cuando llegaba a la mueblería, siempre me preguntabas: "¿cómo estás, artista?"

Te extraño, compadre.

Toño

Una imagen que tengo de ti me lleva a cuando éramos muy niños. Fuimos a comer a "Puerta Hierro" y estaban de sobremesa. Nos prestabas las llaves del Caprice para que fuéramos a pasarla bien con los asientos eléctricos y todas las innovaciones de ese coche. Nos divertíamos mucho.

SETAS AL AJILLO

SETAS

AJO

VINO
BLANCO

PEREJIL

CEBOLLA

ACEITE DE OLIVA

SAL
Y
PIMIE

Setas al ajillo para tío Emilio

Ingredientes

- 2 kg de setas enteras
- 4 rebanadas de tocino ahumado
- ¼ kg de jamón serrano picado en trocitos
- 200 gramos de chorizo
- ½ kg de camarones frescos pelados
- 3 dientes de ajos grandes
- Cebolla grande picada
- 6 cucharadas soperas de aceite de olivo extra virgen
- 1 taza de agua
- ½ cucharadita de Knorr Suiza en polvo
- 3 pizcas azafrán
- Sal y pimienta

Preparación

1. Pon a calentar una cazuela de barro a fuego medio.
2. Calienta el aceite. Agrega la cebolla y acitrona.
3. Agrega los ajos, tocino, jamón serrano y chorizo. Déjalos cocerse por unos 5 minutos, sin que se doren.
4. Añade los dos vasos de agua y deja que hierva durante 10 minutos.

5. Después, se agregan las setas y se dejan en el hervor.

6. Fuera del fuego: en un recipiente distinto, vierte ½ taza de agua hirviendo, remoja el azafrán durante 15 minutos y mezcla con el Knorr Suiza.

7. Pasados los 15 minutos, agrega la mezcla de azafrán a la olla de setas.

8. Deja cocinándose por aproximadamente 30 minutos, o hasta que las setas estén suaves.

9. Agrega los camarones y déjalos cocinarse por sólo 10 minutos más, retira del fuego y sirve inmediatamente.

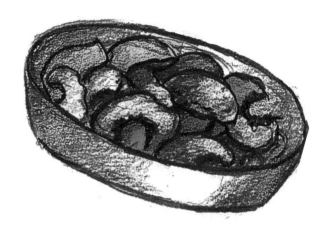

René

Si tuviera un día más contigo, te pediría que hicieras una de tus deliciosas parrilladas y paellas, mientras conversamos y nos fumamos uno de tus puros mexicanos favoritos.

Tere

Tío, gracias por el cariño que siempre nos diste. Gracias por ayudar a mi papá cuando más lo necesitaba; por darle techo, comida y trabajo. Gracias por mantener el lazo familiar con mi madre, aunque hubiera millas de distancia. Pues hoy guardo lindos recuerdos en los que compartí mi niñez con la tía Toña, Angélica, Emilio, Alejandra y Verónica. Aunque lejos estamos, seguimos compartiendo lindos recuerdos familiares a través de los años. Siempre estás en mis pensamientos.

Georgette

Un día más, NO; en realidad, lo que quisiera es repetir el fin de semana en Cuernavaca, celebrando tu fiesta con toda la familia y amistades. Recuerdo cuando nos fueron a buscar al aeropuerto y llegamos a la casa. Tú estabas sentado afuera, creo que estaban almorzando. Tere salió primero, y yo, atrás de ella, cantando: "…con dinero y sin dinero".

Mientras escribo esto, me acuerdo y veo tu cara. No podías creer que las dos habíamos aterrizado en México. Nos pasamos tres días conversando, creando cuentos, comiendo, tomando y bailando. En fin, disfrutamos la vida al máximo. El dinero va y viene, pero el cariño y la amistad son para siempre.

Con mucho cariño y buenos recuerdos.

Besos y abrazos.

PULPO A LA GALLE[GA]

PATATAS
GALLEGAS

PIMENTÓN
DE LA VER[A]

ACEITE
DE
OLIVA

1 PULPO

SAL

Pulpo a la gallega para Coi

Ingredientes

- 1 pulpo fresco entero
- 1 kg de papa
- Aceite de olivo extra virgen
- Pimentón español en polvo
- Sal de grano

Preparación

¿Cómo preparar el pulpo para cocerlo?

1. Limpia el pulpo: lávalo muy bien bajo un chorro de agua abundante. Limpia con cuidado los tentáculos y ventosas para retirar impurezas o piedras. Da vuelta a la cabeza, retira la boca y lava muy bien por dentro.

Al cocinar el pulpo:

Se recomienda realizar la cocción en una olla que permita tener al pulpo totalmente cubierto por el agua. Se sugiere usar una olla de 10 litros de capacidad.

2. Llena la olla con 7 litros de agua y, cuando rompa el hervor, asusta el pulpo; luego, al gusto, añade sal al agua y hierbas de olor.

3. Asusta el pulpo para evitar la contracción de sus músculos y que se ponga duro. Cuando el agua entre en ebullición, introducimos y sacamos el pulpo rápidamente unas tres veces, ayudán-

donos con un tenedor largo de carnes, para finalmente dejarlo cociendo en el agua. Esto dará un resultado de cocción más tierno.

4. Deja el pulpo en cocimiento dentro del agua, hirviendo por una hora.

5. Preparación de las papas:

6. Pela las papas y córtalas en cuadritos de 2 cm aproximadamente.

7. Pon a remojar las papas en una olla, totalmente cubiertas por el agua.

8. Cuando el pulpo lleve 40 minutos de cocción, pon a cocer las papas a fuego lento, en su propia olla.

Emplatar:

- Pulpo: al concluir una hora en cocción, retira el pulpo del agua, espera a que se enfríe y córtalo en trozos.

- Asegúrate de colar y secar los cubitos de papa.

- En una fuente extendida, coloca las papas al fondo, el pulpo distribuido por encima. Espolvorea con el pimentón molido y la sal de grano.

- Por último, rocía con un abundante chorro de aceite de olivo y presenta.

Ramón

Se escuchará simplón, pero si tuviera un día más contigo te llevaría al mar. Nos sentaríamos sobre la arena mirando hacia el atardecer con una buena copa de vino en la mano y una tortilla española en un plato —como la que me llegaste a preparar porque sabías que me encantaba—. Disfrutaría contigo una gran charla. Siempre fuiste un gran conversador, y has sido para mí un ejemplo a seguir. Fuiste un señorón en toda la extensión de la palabra, siempre atento, servicial y acomedido. Sobre todo, tenías en todo momento las palabras adecuadas para dirigirte a todos, un personaje como pocos.

Te extraño y te extrañaré siempre porque dejaste en todos los de mi familia un gran vacío. Te diría cosas que no te dije y que siempre sentí. Te quiero y te admiro, eso será siempre.

Has dejado una huella muy particular sobre el trato, la hospitalidad, la amistad, la honestidad y el entregarse a los demás; sin duda, eres uno de los amigos que conservaré siempre en mi corazón.

Familia Aguirre García

Compartimos muchas horas de interesantes juegos de dominó y tuviste gran influencia en mi incursión al deleite de los puros. Recuerdo que, cuando te compartía alguno de los buenos puros que me llegaron a regalar, decías en son de broma: "con estos puros se me van a caer los dientes".

Amador

Si tuviera un día más contigo, iríamos a comer, siempre era un placer comer contigo.

Te preguntaría: ¿cuáles han sido los factores en tu vida para tener la bonhomía que siempre tuviste, la gran capacidad de dar amistad y de ser conciliador en el conflicto? Poca gente que he conocido en la vida posee dichas cualidades —uno de ellos, mi padre—, pero tú, por sobre todas las cosas, eras una persona que siempre trataba de construir acuerdos. Todo el tiempo fuiste agradable para todas las personas e intentabas mantener unidos a todos tus amigos.

Fuiste un gran aglutinante de familia, creo que la familia Sieiro siempre estuvo unida mientras tú vivías. Tu amistad siempre fue un verdadero placer.

Cuando te conocimos después de la muerte de Emilio, tú siempre fuiste quien nos unió a mi grupo y a mí. Gracias a ti, estuvimos juntos tanto tiempo. Después de todo, la unidad se perdió notablemente con tu pérdida.

Dejaste un hueco muy grande en mí y en mi familia. Siempre te vamos a recordar.

La familia Sieiro es una familia maravillosa, entre otras cosas positivas. Tiene una forma de ser mucho más exclusiva, como lo fue tu hijo, a quien perdimos hace poco.

La capacidad de convertirte en un gran amigo, no la tuvo nadie que yo conociera.

Roberto

Eras un excelente negociador y muy persuasivo.

En alguna ocasión, después de múltiples invitaciones a Cuernavaca, me visitaste en el consultorio. Te encontraste con mi hijo, que en esa época tendría como 10 años. Negociaste con él, le ibas a preparar pulpo a la gallega y me tenía que avisar que iríamos… Por supuesto, terminamos yendo.

Si yo te viera hoy, haríamos lo mismo que siempre solíamos hacer, platicaríamos de historias y tiempos pasados, nos tomaríamos una copa de vino, jugaríamos dominó e intentaríamos reírnos.

Eras muy callado, pero profundamente incisivo y oportuno con tus comentarios, recuerdo cuando estaba un comensal hablando de todas las bebidas que acostumbraba y tú tenías una botella abierta en la mesa. Cuando él pidió una *Coca-Cola*, todos le empezaron a reclamar, ¿cómo iba a tomar *Coca-Cola* con vino?; peor aún, con un vino tan bueno, a lo que él respondió: "eso está de moda en Madrid". De forma oportuna, tú contestaste: "bueno, sí, también en Madrid hay nacos".

Sergio

Cuando tú hablabas, todos callaban. No era cuestión de edad. Era tu presencia y nada más.

Tu rostro bonachón y tu sonrisa paraban cualquier desavenencia y discusión. De origen español, pero con corazón mexicano, siempre tuviste la palabra exacta para cada uno de nosotros. No eras de hablar mucho, pero eras el sabio del grupo.

Anécdotas son muchas. Siempre mantuviste nuestra atención cuando contabas cómo dejaste España y te lanzaste a la aventura en México. Más de sesenta años, eso dijiste. La única vez que vi tus ojos humedecerse fue cuando nombraron a tu amado hijo. Para ti, siempre estuvo primero tu familia, tus hijas. Yo no sé si ellas lo sepan, pero siempre estabas un paso adelante para allanarles el camino. "Sergio, te va a llamar una de ellas, yo cubriré todo", decías.

Una tarde contigo era recorrer la historia.

Me halagó que me pidieras estar a tu lado durante las intervenciones médicas que te hicieron. Me pediste estar como médico, pero sobre todo, como amigo.

Te fuiste y dejaste un gran vacío entre nosotros, tu familia y tus amigos.

Siempre estarás presente en nuestros corazones.

Héctor

En alguna ocasión, me pregunté qué me faltó preguntarte en el tiempo que te conocí. Recuerdo cuando conversábamos rememorando tu travesía para llegar a México desde una España convulsionada. Narrabas lo más cercano a una prosa de Camilo José Cela en *La Colmena* o a las descripciones que hace Hemingway en sus libros o artículos sobre España, como fiesta.

Al igual que aquella pregunta a Hemingway sobre si sus relatos se basaban en realidad o ficción, me atrevo a decir que algunas de nuestras conversaciones eran "mitad y mitad", particularmente, esos relatos autobiográficos, las historias de lo ocurrido en los caminos recorridos se entremezclaban, creando esa idea romántica de la tragedia, comicidad y reflexión.

Me gustaría pasar una tarde completa contigo, escuchando esas narraciones que me llevan a imaginar, entre blanco, negro y un color ocre, tus pasos por nuestro mundo.

BACALAO A LA GALLEGA

1 BACALAO

CEBOLLA

PATATAS

AJO

ACEITE DE OLIV

PIMENTON DU

Bacalao a la gallega para Verónica

Ingredientes

- Bacalao en trozo con piel y espina preferentemente
- Papas cortadas en trozo de buen tamaño (considerar una papa grande para cada 4 trozos de bacalao)
- 2 o 3 cebollas
- Aceite de olivo al gusto
- Pimentón
- Sal de grano

Preparación

1. Desalar el bacalao en agua con sal y un trozo de cebolla. Cambiar el agua cada tres horas por dos días.
2. Una vez desalado, pon a cocer con un trozo de cebolla.
3. Por aparte, haz un sofrito de cebolla fileteada con aceite de olivo y pimienta.
4. Coloca el bacalao en trozo ya cocido en un plato junto con las papas cocidas cortadas en cuadros, se les puede agregar un poco más de pimentón y aceite de olivo al gusto (no se le agrega el sofrito).

Gustavo

Si tuviera un día más contigo, te preguntaría: "¿qué negocio vas a emprender?". Tú seguramente contestarías: "el negocio de la amistad".

Cada diciembre, espero tu bacalao. Ese momento para gozar contigo la comida y cómo la preparabas. Era disfrutar de la vida.

Luis

Tu pasión por el dominó era extraordinaria, pero más lo era tu pasión por atender a tus amigos. Nunca olvidaré esos momentos y cada comida que disfrutamos.

Antonio

Mi Querido compadre:

Te mentiría si te dijera que te extraño, porque siento que nunca te has ido; siempre has estado en mi corazón, así como en el de todos los que tuvimos el privilegio de compartir una parte de tu historia. Por ello, cuando la realidad pretende confundirme, tratando de convencerme de que ya no estás, apareces frente a esa taza de café expreso doble y, mientras lo flameas con el zumo de las cáscaras de naranja, disfruto de tus comentarios repletos de la sabiduría del tiempo, pero también, de la mordacidad de ese peculiar sentido del humor tan tuyo, tan gallego y tan a la mexicana.

Como tu amor a la familia y a tus amigos —a quienes nos hiciste parte de ella— sólo fue rebasado por tu gran amor a Dios, ni siquiera voy a preguntarte cómo te encuentras, porque en el cielo, los seres como tú viven felices, con la seguridad de que ya no pueden ser bloqueados por cualquier limitación física; y qué mayor felicidad que compartir una eternidad con tu Toña y con tu Emilio.

No voy a abrumarte dando un reporte de lo que tú ya disfrutas desde lo alto, el empuje visionario y la actitud triunfadora de tu hermosa Angie; el carisma y los principios que normaron tu conducta tan bien reflejados en Coi; la belleza de Galicia y tu imagen vívida tan manifiesta en Verónica, Alejandra, y en toda tu descendencia. Bueno, mi queridísimo y pinche compadre, te adelanto un abrazo, a reserva de hacerlo personalmente, aunque, sinceramente, espero que no sea muy pronto.

Toño

Sin duda, un día contigo, padrino —sin apuntar que como siempre sería un deleite—, tendría que acontecer en una mesa de comida, donde los infaltables quesos manchegos, jamones y buenos vinos serían sólo el entremés. Escuchar tus historias de vida y los chistes rematados por esa risa mágica que sólo le compartías a los tuyos, sería escuchar nuevamente tu desagrado por el "caudillo de Tabasco que hoy nos gobierna". "Ese es un hijo de p…", seguramente dirías con ese acento castizo que nunca perdiste. Tu frase iría acompañada de tu particular sonrisa y de esa mirada que invitaba siempre a contradecirte, sabiendo de antemano que no habría forma de lograrlo.

Hoy podría sentarme a tu lado, compartiendo nuevamente tu calor y amor que siempre me regalaste, algo que hoy haces desde el cielo. Seguramente, como tantas veces, quedaría maravillado con los relatos de vida y de familia, me contarías más acerca de tu familia y de los valores de la amistad, compartirías anécdotas de tu camino, de tus grandes amores y del orgullo por quienes te rodean. Tendría la oportunidad de darte buena cuenta de que todos aquellos relatos sembraron una semilla que hoy ha germinado en mi propia familia. Disfrutaría que mi hija Emma Aitana se impregnara del aroma de tu puro; y que mi esposa Rosy se encantara de la complicidad existente entre mis padrinos Adolfo y su inseparable Toña. Con todo mi corazón.

Danny

Si tuviéramos un día más contigo, te pediría que cocinaras una de esas grandes paellas en familia. Nunca olvidaré la que cocinaste en Cuernavaca. Sigue siendo la más grande y la mejor paella que he probado.

Iraida

Uno de los recuerdos más bellos que tengo es cuando tenía mi cerámica y vinieron de visita. Estabas muy contento porque yo había abierto mi estudio y me diste mucho apoyo en esa nueva aventura.

Silvia y Lino

Querido amigo, si Dios nuestro señor me diera la oportunidad de verte una vez más, me encantaría decirte muchas cosas, pero quisiera que tú bajaras del cielo, no ir yo allá contigo, he estado en la rayita, pero aún no es tiempo de ver a mis seres queridos.

Te diría que me siento plenamente satisfecha y honrada de estar en tu grupo de amistades, de disfrutar los fines de semana, como extraño esto. Tú amabas **Colinas**, tu casa. Recuerdo muy bien el primer día que viniste a conocer Colinas de Santa Fe. Tu nieto llegó a decirte que le gustaba la casa de la lagartija. Desde ahí nació una linda amistad, lo recuerdas.

Y te cuento, seguimos jugando cartas. Así como, sábado tras sábado, lo hacíamos en tu casa. Tus atenciones eran increíbles para todos nosotros. Lino y yo te disfrutamos mucho; las comidas que preparabas, eras incansable, mis respetos. Cómo nos enfiestábamos, siempre con las copas llenas, siempre tan atento, fuera de serie.

De verdad, nos acordamos muchos de ti. Últimamente, recuerdo que decías: "si tu doctor te prohíbe el alcohol, cambia de doctor". También, cuando jugábamos decías: "no se vale jugar a la Lino", frase que se quedó hasta hoy por hoy. De doña Toñita, tengo su voz en mi mente, cada vez que me llamaba y me decía: "Silvia, ya llegamos, van a venir los Gómez". Salía corriendo a tu casa a saludarlos.

Tú sigues aquí, siempre presente en nuestros corazones.

Héctor

Recuerdo muchas anécdotas, una de ellas, cuando me preguntaste: "y tú, ¿por qué me hablabas de usted?". Desde ese día, me sentí privilegiado de ser tu amigo. Recuerdo a tus yernos, a algunos amigos que llegaban a tu casa y siempre te hablaron de usted, siempre me hiciste sentir especial y cercano a ti.

Si hoy tuviera la oportunidad de platicar contigo, te preguntaría… ¿Cuál es tu secreto para lucir y ser como eres?

Las personas mueren cuando dejan de ser recordadas, para mí sigues vivo, aunque no podemos verte. Sigues aquí en tu Colinas querido, con tus queridas hijas y nietos, aquí en esas jugadas que seguimos haciendo. Seguimos platicando contigo, respirando tu puro y disfrutando de tu compañía.

Adolfo, te quiero.

Mónica

Con cariño para Adolfo:

Me encantaría escribir en estas líneas lo maravilloso que fue para mí conocerte, pero es imposible describir con palabras "lo increíble", lo afortunada que fui. Aunque haya sido poco tiempo, puedo pensar abiertamente: "¡qué hombre tan encantador!", sin sentirme reprimida por ningún sentimiento ajeno a la verdad.

Cierro los ojos y te miro nuevamente, veo tus ojos profundos, tu sonrisa franca y sincera, tu alegría por vivir, tu entusiasmo por querer. Pienso: "¿por qué no estás nuevamente entre nosotros?" Para abrazarte bien fuerte y decirte que esta vida bien vale la pena vivirla cuando tienes la fortuna de conocer hombres como tú.

Mucha gente puede pensar que no te has ido del todo, yo sólo puedo asegurarlo porque el tiempo que te conocí debe ser eterno, cuando pienso en ti como en este instante, tu recuerdo es mi presente, no hay adiós, ni hay despedidas.

Armando

Muchas de las veces que pude convivir con un verdadero tipazo, el señor Adolfo, me comentaba demasiadas cosas. De verdad se disfrutaba la charla, se pasaba el tiempo volando. Recuerdo que, si algo le importaba, era que su invitado se sintiera como en su propia casa. Sus atenciones no tenían límite. Era todo un anfitrión. Te podía transformar cualquier cosa, ya sea de comida o bebida, de una manera impresionante.

Él sabía para qué eran las cosas, con el señor Adolfo se podía aprender de vinos, quesos, cortes de carne, en fin, era impresionante. Recuerdo mucho cuando se tuvo que salir de su tierra natal, aunque no recuerdo si su travesía para llegar a nuestro país fue por una guerra. Fue de terror, en realidad, lo contaba de una manera muy triste. No me gustaría comentarlo, me lo guardo como su secreto. En ese momento, supe de su tenacidad, de sus ganas de vivir la vida, de muchas cosas que él tenía como ser humano. Compartía con todos al 100 por ciento, aunque de repente le daba un vuelco en cambiar de plática y contarme varias de sus preocupaciones.

Recuerdo que, más de un par de veces, trataba de llegar más temprano de lo debido a su casa, ya que era la hora del cafecito de la mañana. Si llegaba después de las 11:00 a.m., no era café, sino una buena copa de vino. Seguía un tequila. Me daba miedo que mi copa estuviera medio vacía, seguía otro y otro, tenía que huir, claro, en el buen sentido. Tengo en mi memoria que sólo lo vi tomar máximo una copa, quizá dos, pero su invitado tenía que salir muy bien. Se pasaba muy rápido el tiempo. La plática con él era inmensa, hasta de cómo se curaban los quesos y algunas cosechas de vinos, me decía: "aprende a comer y a elegir una buena copa; gástate lo que quieras en ti". Me sugería que aprovechara todas las oportunidades de la vida. En verdad, recordar esto me devolvió esos momentos agradables que llegue a tener con el jefe, un verdadero tipazo, ¡caray! ¡Qué digo tipazo! Un verdadero amigo, hasta confidente mío. ¡Caray! Con él se podía platicar con soltura, con toda la confianza del mundo.

Recuerdo un almuerzo-comida en su casa de Cuernavaca, donde estaba el padre de la iglesia. Llegué como a las 11:00 a.m., lo que no recuerdo es cómo salí y el padre creo que estaba igual o peor que yo. El jefe tenía como encomienda, no sé, que quien fuera su invitado, debía tenerlo todo. No podía faltar nada, mucho menos un trago. ¡uff, qué caray! Había que temerle al jefe. Cuando uno no se había terminado la primera copa, la otra ya estaba servida. También sabía cómo compensar la borrachera. Se dejaba caer con unos quesos y unas carnes. No exagero, dudo que otro ser, mortal o inmortal, haya probado tales manjares, mis respetos para el jefe, impresionante.

Podría seguir escribiendo, pero sólo quisiera añadir algo más. Su pérdida fue una cosa irreparable, de verdad lo sentí mucho. El saber que no podría seguir platicando con él, creo que nos quedamos a deber muchas pláticas, pero lo alcanzaré. Júrelo que lo buscaré en otra vida, y solo le diré, donde quiera que esté, que su obra maestra está bien con su familia.

Sólo recuerde, jefe, lo extraño mucho.

Blanquita y Jorge

Disfrutaríamos su mirada que emana bondad, su sonrisa que transmite paz y su agradable compañía que siempre nos hizo sentir queridos.

Querido Adolfo, amigo entrañable, hombre excepcional, cómo te estamos extrañando. ¡Qué gran pérdida que te hayas ido! ¡Qué triste no poder seguir disfrutando de tu grata compañía! Extrañamos tu sencillez en el trato educado y cálido. Es triste no poder ver más tu mirada que emana bondad, tu sonrisa que transmite paz.

Gracias por abrirnos las puertas de tu noble corazón desde el primer momento, por el cariño que nos diste y nos permitiste darte. Por todos esos bellos recuerdos que nos dejaste, vives siempre en nuestros corazones.

Regina

En la inmensidad que nos regimos aquí, tú ya nos dejaste hace un rato. No obstante, como si fuera ayer. Tu hija me encomendó una tarea que raya en lo imposible: intentar que fluyan tres seres maravillosos que trajiste al mundo…, ¡pero qué carácter!

Me apena no haber logrado tu mayor anhelo, pero sólo te digo que les he entregado mi escucha, mi confianza y mi corazón. Nada que tú no sepas.

Extraño nuestras suculentas pláticas, el aroma de tu puro y el tiempo que nos tomábamos para ahondar en lo esencial…

Te abrazo y te digo, ¡hasta pronto!

Raúl

Querido amigo, en este día, yo te invito a Veracruz, a tomarnos 10 copas formadas de coñac, como lo hicimos hace un montón de años. Eso es lo que me encantaría hacer hoy con tu compañía, mi gran amigo, mi mejor amigo y ahijado.

Josie

Fuiste una figura hermosa en mi vida. Siempre me hiciste sentir especial cuando estabas alrededor mío. Mis sentimientos hacia ti son y serán una combinación de agradecimiento y admiración. Entre otras cosas, fuiste un gran amigo, tío Raúl lo corrobora, pues siempre fuiste un amigo leal y fiel, simplemente extraordinario. Tus regalos y tu presencia siempre tendrán un lugar muy especial en mi vida. Si tuviera la oportunidad de verte una vez más, te diría que te quiero, te daría un beso y te daría las gracias por todo.

ROSQUILLAS DE AN

HARINA Y
LEVADURA

AN

RAYAD
LIMO

HUEV

LECHE

ACEITE OLIVA
Y GIRASOL

AZÚCAR Y A.GLASS

Rosquillas para la cena de navidad

Ingredientes

- 3 kilos de harina

- 3 vasos jaiboleros de azúcar

- ¼ de mantequilla

- 2 vasos de crema

- Ralladura de limón

- 3 o 4 cucharadas royal

- 18 huevos

- Anís

- Azúcar glas

Preparación

1. Separa las yemas de las claras. Haz una fuente integrando todos los ingredientes y amasa.

2. Una vez integrados, bate las claras a punto de turrón y agrégalas a la masa.

3. Estira la masa con un rodillo y corta con un molde circular. Corta el centro con un rodillo más pequeño.

4. Hornea a 180 °C por aproximadamente 20 minutos.

5. Una vez frías, glasea con azúcar disuelta en anís.

Sergio

Don Adolfo Sieiro siempre fue una persona linda y preocupada por los que trabajamos con él. Podría rememorar una de las mil anécdotas que viví a su lado. En una ocasión, antes de atravesar la avenida Félix Cuevas, se acercó el señor que vendía los billetes de lotería. Le dijo: "patrón, terminación ocho". Él le contestó: "a ver, dame una serie". Me compartió la mitad. Al mes, revisé el billete de lotería y salió con premio de 30 mil, yo cobré 12 mil, y rápido le avisé para que también cobrara. Su premio siempre tuvo manos santas

Vicky y José

Recordamos al señor Adolfo como una persona amable, sencilla, justa y con carácter. Asimismo, lo recordamos con mucho aprecio y cariño. Fue un placer trabajar para él porque siempre apreció nuestro trabajo, y siempre fue atento con nosotros.

Recordamos cuando nos platicó sobre su llegada a México y sus amenas charlas. Nos trató de enseñar a cocinar paella. Aunque nunca aprendimos, él tenía un toque especial para cocinar.

Lo recordaremos con una sonrisa en el rostro y muchos recuerdos más.

Gloria

¿Cómo está el señor Adolfo? Quiero darle las gracias por la oportunidad de convivir con usted. Siempre nos trató como parte de su familia. Gracias por haberme permitido disfrutar de los platillos que sólo usted sabía hacer, como la paella y el lechón. Nunca nadie podrá igualarlo. Quisiera seguir estando siempre con usted y su familia. Lo quiero mucho.

Rosy

Señor Adolfo, si tuviera un día más con usted, quisiera hacerle saber que estoy muy agradecida por cómo fue conmigo. Estos años trabajando para usted fueron de satisfacción y confianza. Al trabajar con usted, sé que logramos una amistad de años, porque siempre se preocupó por nosotros, por cómo estábamos y si nos sentíamos a gusto. Eso es de gran importancia. Sé que en verdad me apreciaba. Siempre lo recordaremos.

Juanito

Yo le daría las gracias por haberme dado trabajo. Por su forma de ser como patrón. Le agradecería todo lo que aprendí de usted en todos los aspectos, y que siempre fue una buena persona con todos. Nunca lo olvidaremos, estará en nuestros corazones por siempre.

Agustín

Un día más contigo. Son tantas las cosas que podría hacer, pero haría algo sencillo. Te invitaría un puro habano, ¡y yo otro, claro! Luego, te preguntaría, ¿cómo fue tu historia? Te escucharía, creo que disfrutaríamos de un buen día.

Suena floja mi idea, pero cuando las personas queridas ya no están con nosotros, lo único que echamos de menos es el no poder nunca más hablar con ellos. En mi caso, extraño mucho a mi abuela Elisa. Cuando estaba con nosotros, siempre teníamos prisa y no hablábamos. También pienso en mi abuelo Joaquín, con quien platicábamos en su barbería. Lo que más echo de menos es el no haber preguntado cómo fue su historia.

Toño

Fuiste un ejemplo. Quienes te conocimos te respetamos y estimamos mucho. Comer contigo aumentaba el placer de comer, de verte comer... ¡y la cantidad!

Has sido el mejor anfitrión que he conocido. Tu satisfacción era agradar a tus invitados. No estabas quieto hasta que todo mundo había comido y bebido de la mejor manera.

Jugar dominó contigo para mí fue un suplicio. Me regañabas por distraerme y jugar mal, hasta que dejé de hacerlo y disfruté que ahora se lo hacía a los demás.

Mi padre me enseñó desde niño la conducta del sabio: ver, oír y callar. Tú me lo recordabas, pues ejercías tal conducta con maestría y, cuando hablabas, lo hacías con la sapiencia que da la experiencia. Eres un viejo muy querido que nunca olvidaré.

Nos faltaron...

Amigos, muchos, porque él era "amigo de todos". Primos y sobrinos, compadres, entre otros, faltaron en este libro. Cuando las personas ya no están entre nosotros, qué difícil puede ser el mantener su presencia.

Me hubiera gustado contar con todas las palabras y fotos solicitadas, mas no quería yo posponer este proyecto; sin embargo, todos aquellos a quienes busqué, no encontré o no tuvieron la oportunidad de compartirme sus palabras o sus fotografías, quiero decirles que fueron muy importantes para mi padre; por ende, seguirán siendo importantes para nosotros.

Siempre hay personas que suman
a los proyectos y sueños.

La familia
de Adolfo

10 9 2005

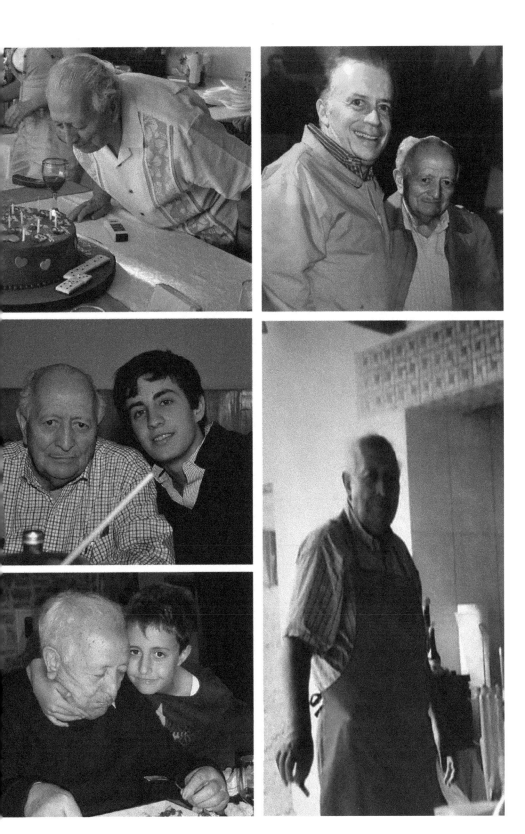